JONAS NOGUEIRA DA COSTA

Maria
e o
Espírito Santo

*Nas Sagradas Escrituras
e nos Santos Padres*

COLEÇÃO ESCOLA DE MARIA
3

DIREÇÃO EDITORIAL:
Pe. Fábio Evaristo R. Silva, C.Ss.R.

CONSELHO EDITORIAL:
Ferdinando Mancilio, C.Ss.R.
Gilberto Paiva, C.Ss.R.
José Uilson Inácio Soares Júnior, C.Ss.R.
Marcelo da Rosa Magalhães, C.Ss.R.
Mauro Vilela, C.Ss.R.
Victor Hugo Lapenta, C.Ss.R.

COORDENAÇÃO EDITORIAL:
Ana Lúcia de Castro Leite

COPIDESQUE:
Bruna Vieira da Silva

PROJETO GRÁFICO:
José Antonio dos Santos Junior

DIAGRAMÇÃO:
Mauricio Pereira

CAPA:
Núcleo de Criação
do Santuário Nacional

Dados Internacionais de Catalogação na Publicação (CIP) de acordo com ISBD

C837m   Costa, Jonas Nogueira da

Maria e o Espírito Santo: nas sagradas escrituras e nos santos padres / Jonas Nogueira da Costa. - Aparecida, SP : Editora Santuário, 2020.
56 p. ; 14cm x 21cm.

Inclui bibliografia e índice.
ISBN: 978-85-369-0618-8

1. Cristianismo. 2. Maria. 3. Espírito Santo. I. Título.

2019-2076

CDD 240
CDU 24

Elaborado por Vagner Rodolfo da Silva - CRB-8/9410

Índice para catálogo sistemático:
1. Cristianismo 240
2. Cristianismo 24

1ª impressão

Todos os direitos reservados à **EDITORA SANTUÁRIO** — 2020

Rua Padre Claro Monteiro, 342 — 12570-000 — Aparecida-SP
Tel.: 12 3104-2000 — Televendas: 0800 16 00 04
www.editorasantuario.com.br
vendas@editorasantuario.com.br

INTRODUÇÃO

A relação entre Maria e o Espírito Santo é algo coberto pelo véu da intimidade desfrutada pela Mãe do Senhor com o Divino Paráclito. Tudo o que venhamos a dizer são palavras ditas como quem se depara com um oceano de beleza e, sentindo as águas salgadas molharem os pés, diz: "Como Deus é maravilhoso em tudo que faz!"

Deus mostrou-se maravilhoso quando escolheu a jovem Maria de Nazaré e, de um modo muito singular, fez pousar sobre ela o Espírito Santo.

A contemplação desse mistério pede-nos uma visitação das fontes cristãs que narram essa experiência da Mãe de Jesus. Desse modo é que propomos como reflexão um olhar sobre as Escrituras e a Patrística, para enaltecermos o Senhor em suas "maravilhas" operadas em sua serva e em todo o seu povo santo.

1. MARIA E O ESPÍRITO SANTO NAS ESCRITURAS

A difusa opinião de que se fala pouco de Maria no Novo Testamento pode incorrer em juízo acrítico em um contexto histórico-salvífico global das páginas neotestamentárias. De fato, sob uma abordagem estatística, podemos dizer que isso é verdade, inclusive comparando Maria a outros personagens bíblicos. Mas, se pensarmos a questão de modo não quantitativo, mas qualitativo, vemos que Maria se coloca nas Escrituras como parte importante do desígnio salvífico, desencadeado pela livre iniciativa bondosa de Deus[1].

Os textos que falam de Maria são considerados estratégicos e de essencial densidade: estratégicos porque mostram o desenvolvimento da história da salvação em suas grandes etapas significativas, compreendida na Encarnação, junto à cruz[2] e em Pentecostes; e essenciais porque estão visceralmente ligados ao mistério da fé cristã, ou seja, à confissão de que Jesus é o Messias, o Filho do Deus[3].

Desse modo, a figura de Maria emerge com riqueza de significados em perspectiva histórico-salvífica, pois, tendo como ponto de partida o mistério pascal, ela é apresentada no Novo Testamento como aquela que é a "Mãe do Senhor".

Logo, a perspectiva bíblica da figura de Maria é uma confissão de fé pascal em Jesus como o Senhor.

As primeiras comunidades cristãs tinham como desafio a necessidade de justificar que o crucificado era o Senhor da Glória. Sendo assim, a figura de Maria refletida nas Escrituras é um elemento que colabora com a confissão de fé pascal – ela o faz mostrando que o "Glorificado" pela ressurreição é o mesmo que se fez homem na humildade de seu ventre.

Com relação aos textos do Antigo Testamento, só podemos falar de Maria em sentido de prefiguração, em que um grupo de imagens vagas e fragmentadas foi usado pela comunidade através dos séculos para compor uma imagem da Mãe do Senhor. A utilização desse material que recebeu o nome de "prefigurações marianas" visava expressar que houve na história da salvação uma preparação moral, tipológica e profética de Maria[4].

As prefigurações marianas serão mais bem desenvolvidas no decorrer de todo o nosso trabalho, no qual analisaremos as diferentes formas em que a figura de Maria se apresenta ligada a Israel e como essa ligação encontrou lugar privilegiado na eclesiologia e na piedade popular. Contudo, vejamos, na sequência, cada uma das consideradas formas de preparação.

Preparação moral refere-se ao fato de que em Maria se verifica a maneira de viver dos pobres e humildes do Senhor que guardam a expectativa da vinda do Messias. Lembremo-nos de Zacarias, Isabel, Simeão e Ana como personagens que, visitados pelo Senhor, se alegram com a chegada do "Esperado", pois pertencem ao "resto santo" de Israel, são depositários das promessas de Deus[5].

6

Sobre a forma de *preparação tipológica*, podemos pensar em personagens do AT, o povo e algumas singularidades da tradição israelita que nos levam a reconhecer em Maria a figura da "Filha de Sião". Desse modo, pela simbologia que envolve os personagens bíblicos (sobretudo as mulheres, como Miriam, a irmã de Moisés, Débora, Judite, Ester...), o povo de Deus e as singularidades da espiritualidade de Israel, somos convidados a contemplar a mãe de Jesus como o *typos*, modelo exemplar da realização graciosa das promessas de Deus para com Israel[6].

E, por fim, uma *preparação profética*, pois em Maria consideram-se cumpridas diversas palavras de profecia, oráculos e anúncios que, no contexto do Antigo Testamento gozavam de um caráter particular, e são utilizadas pelo Novo Testamento com um sentido novo[7].

À vista disso, se tomarmos em conjunto as três formas de preparação do Antigo Testamento, podemos afirmar que Maria foi considerada uma mulher que está intimamente ligada à história da salvação por ter trilhado o caminho do povo de Deus, na esteira das santas mulheres de Israel, grávidas de esperança de libertação, e dos pobres que clamam por justiça. É à luz da história do povo de Israel que podemos entender a escolha livre e gratuita de Deus para com a jovenzinha de Nazaré, fazendo descer sobre ela o "poder do Altíssimo".

A descida do "poder do Altíssimo" sobre Maria encontra-se em Lc 1,35, que afirma que "O Espírito Santo descerá sobre ti, e o poder do Altíssimo te cobrirá com a sua sombra". Esse versículo será tomado como o "coração" da relação entre o Espírito Santo e Maria porque, nas mais diferentes formas em que nos aproximarmos do mistério da relação entre o Espírito Santo e Maria, essa concepção de Lucas estará presente.

A reflexão bíblica que segue pode ser considerada como uma base escriturística que incide sobre a atual forma como elaboramos a mariologia em sua relação com a pneumatologia.

Gl 4,4-7: "nascido de mulher"

O texto paulino em questão sequer traz o nome de Maria; contudo, é considerado o texto mariológico mais significativo do Novo Testamento, pois é o primeiro a fazer a ligação entre mariologia e cristologia e a expressar a intuição de uma consideração histórico-salvífico de seu significado. A sobriedade dessas afirmações coloca a "mulher" totalmente inserida no desígnio cristológico-trinitário-eclesial em vista da liberdade dos filhos de Deus[8]. Vejamos a estrutura do texto:

a ação divina: *Deus enviou seu Filho* (v. 4)
b modalidade: *nascido de mulher* (v. 4)
c modalidade: *nascido sujeito à Lei* (v. 5)
c' finalidade: *para resgatar os que eram sujeitos à Lei* (v. 5)
b' finalidade: *e todos recebermos a dignidade de filhos* (v. 5).
a' ação divina: *Deus enviou aos nossos corações o Espírito de seu Filho* (v. 6)[9]

O texto revela-nos que, em primeiro lugar, existe a iniciativa do Pai de enviar seu Filho e o Espírito de seu Filho: essa é a afirmação central do texto, a soberana vontade de Deus agindo trinitariamente. Nessa iniciativa, Paulo nos apresenta a modalidade em relação com a finalidade, pois foi pelo Cristo, *nascido de mulher* (b) que recebemos a dignidade de filhos (b'), enquanto a modalidade que se refere à sua sujeição à Lei (c) incide em resgatar a humanidade de sua subordinação à Lei (c').

Deus nos enviou seu Filho para que todos nos tornássemos seus filhos. Nasceu de mulher para que todos recebêssemos a condição de Filhos de Deus. Desse modo, nossa filiação em relação ao Pai é o objetivo do envio do Filho e de seu nascimento de mulher[10].

O texto de Gálatas em questão revela-nos o protagonismo trinitário em seu agir divino na história da salvação. O Pai é o sujeito principal, que "envia" o Filho e o Espírito Santo, o que podemos perceber não somente pela ação encontrada no texto como pela forma em que Ele se encontra, pois é colocado no começo e no fim, nos versículos 4 e 7, evidenciando que é o Pai, o começo e o fim da obra da salvação, realizada pelo Filho e o Espírito Santo[11].

E mesmo resguardando a posição dominante do Pai, Gl 4,4-7 é um texto cristológico, pois é o Filho, pela obra trinitária da encarnação, quem opera a salvação.

A filiação do Filho é compartilhada com a humanidade. Para isso, é necessário o Espírito Santo como condição de filiação. O envio do Filho implica necessariamente o envio do Espírito Santo, fazendo com que salvação e liberdade não sejam realidades estanques, mas visceralmente unidas entre si.

No que tange à questão mariológica concernente ao texto paulino, além de seu valor enquanto primeira referência (mesmo que indireta) a Maria, temos em mãos uma lembrança da Igreja primitiva que afirma que o Filho pré-existente nos foi dado de maneira natural, ou seja, via nascimento. Dizer que o Filho nos foi dado "nascido de mulher" é uma forma de dizer que, sendo pré-existente no seio do Pai, Ele se manifestou na carne, verdadeiramente como homem. Maria se converte, dessa forma, em garantia da humanidade do Senhor. Desse modo, sua maternidade "é o elo entre o céu e a terra, o meio pelo qual a eternidade entrou no tempo"[12].

Buscando realizar uma leitura dogmática e contemporânea de Gl 4,4-7, destacamos que a sobriedade mariológica nos permite ver a soberana vontade do Pai como a fonte de toda a discussão sobre o lugar de Maria na história da salvação – tanto que somos impelidos a pensar que o ponto de partida de uma autêntica mariologia não seja, portanto, a afirmação de sua maternidade divina, mas a gratuita e bondosa iniciativa divina na pessoa do Pai que dá seu Filho pela força do Espírito Santo.

Outro elemento importante é que o escopo do envio do Filho e do Espírito Santo é tornar todos participantes da filiação de Jesus. Logo, se este texto de Gálatas for tomado como uma *mariologia em germe* toda a mariologia deve estar em perspectiva soteriológica e libertadora. Soteriológica porque participar da filiação do Verbo é uma ação divina, existe uma intenção divina de nos resgatar da escravidão, de nos salvar mediante o Filho. Libertadora porque diante de inúmeras formas de escravidão que retiram a dignidade dos filhos e filhas de Deus não se pode esquecer o primado da vontade do Pai: sermos livres e filhos(as) no Filho.

Evangelhos da Infância

O texto de Gl 4,4-7 serve-nos de excelente introdução para a compreensão dos assim chamados "Evangelhos da Infância" de Mateus e Lucas, que guardam o que estamos considerando o núcleo bíblico da mariologia pneumatológica (Lc 1,35).

Os "Evangelhos da Infância" são uma proclamação pascal de Jesus como Messias, Salvador, Emanuel, Rei e Senhor[13], ou seja, são escritos cristológicos, "veículo da mensagem de que Jesus era o Filho de Deus e agia para a salvação da humanidade"[14] desde sua concepção. Mas só podemos dizer que as narrativas que tratam da concepção, nascimento e infância de Jesus são proclamação pascal, ou seja, de algo que irá acontecer, devido à compreensão de que "os evangelhos se desenvolveram de trás para diante"[15]. Como nos diz A. Valentini, "Em outras palavras, os evangelistas Mateus e Lucas projetaram sobre a manjedoura e sobre a infância do menino a glória do Ressuscitado, não separada do mistério da paixão, também presente nos dois relatos das origens"[16].

A mais antiga pregação cristã trata da morte e ressurreição de Jesus, como podemos ver em 1Cor 15,3-4, e por meio desse núcleo central é que a comunidade cristã foi chegando a um entendimento sobre o ministério de Jesus e também suas origens, tanto humana quanto divina, como podemos ver nos "Evangelhos da Infância"[17].

Assim, por "proclamação pascal", queremos dizer que a reflexão teológica sobre a Encarnação do Verbo no ventre de Maria deve ser tomada a partir da Páscoa. Natal e Páscoa se compreendem mutuamente, desde que a concepção de Jesus seja pensada à luz da ressurreição.

Os "Evangelhos da Infância", de Mateus e Lucas, foram escritos posteriormente aos textos a que foram anexados, provenientes de uma antiga tradição oral ou escrita por volta da segunda metade do primeiro século. Eles servem tanto como um prólogo para os dois evangelhos quanto como uma catequese cristológica[18].

Dada a posterioridade desses textos, corre-se o risco de uma apressada desvalorização de sua teologia ou o inverso, uma supervalorização. É questionável a acusação contra os "Evangelhos da Infância" de serem textos "mitológicos" ou meros "contos piedosos", pois não se considera com isso a literatura hebreu-bíblica que não consiste em uma crônica histórica em sentido moderno, mas em uma interpretação teológica de fatos à luz das promessas do Antigo Testamento[19]. Mas também é igualmente questionável quando se afirma um caráter estritamente histórico desses relatos, pois "a análise cuidadosa das narrativas da infância torna improvável que qualquer um dos relatos seja histórico"[20].

Outra questão preliminar que se impõe é a discussão sobre o termo *Evangelhos da Infância* como também *narrativas da infância*. Reconhecemos que, se tomarmos a expressão a rigor, ela é imprecisa – e até inadequada. Lembremos que só Mt 2 e Lc 2,1-40 se referem à infância de Jesus, sendo que o primeiro capítulo, tanto no Evangelho de Mateus quanto no de Lucas trata de eventos anteriores ao nascimento de Jesus[21].

Apesar disso, gostaríamos de manter o termo que, apesar do que foi elencado, é comumente usado. De nossa parte, destacamos que consiste em um verdadeiro *Evangelho*, pois é uma verdadeira *Boa-Nova* pascal proclamada a partir da concepção, nascimento e infância de Jesus, de modo que podem ser considerados "a história essencial do Evangelho em miniatura"[22].

Os biblistas concordam que os textos de Mateus e Lucas foram escritos independentemente um do outro, pois, apesar da concordância entre alguns significativos elementos, percebe-se claramente que um não conhece a obra do outro. Assim, a diversidade das duas narrações chama-nos a atenção, pois revelam que os textos possuem fontes, tradições e ambientes originários diferentes, mas, ao mesmo tempo, sugere "uma tradição da infância comum anterior à obra dos dois evangelistas que reivindicaria maior antiguidade"[23].

As duas narrativas concordam em pontos essenciais, que vale a pena serem elencados. A saber:

1. A descendência davídica de Jesus (Mt 1,16.20; Lc 1,27.32);

2. A divindade do menino, ao ser chamado de "Emanuel" ("Deus conosco") (Mt 1,23) e Filho de Deus (Lc 1,35);

3. Concepção e nascimento anunciados por um anjo (Mt 1,20-23; Lc 1,30-35);

4. A virgindade de Maria (Mt 1,23; Lc 1,27);

5. José e Maria são apresentados como os pais de Jesus, e Maria fica grávida, antes de qualquer relação sexual (Mt 1,18.25; Lc 1,34);

6. O Espírito Santo é explicitamente mencionado como autor da obra da encarnação (Mt 1,18.20; Lc 1,35);

7. Por vontade divina, a criança se chamará "Jesus" (Mt 1,21.25; Lc 1,31; 2,21);

8. Jesus será o salvador de seu povo (Mt 1,21; Lc 2,11);

9. O nascimento aconteceu em Belém, da Judeia (Mt 2,1; Lc 2,4-6);

10. O nascimento se deu no tempo de Herodes, o Grande (Mt 2,1; Lc 1,5);

11. A residência em Nazaré (Mt 2,23; Lc 2,39.51)[24].

A última questão preliminar que devemos esclarecer é que tanto Mateus quanto Lucas não desenvolveram uma teologia do Espírito Santo enquanto terceira Pessoa da Trindade, de acordo com as proclamações dos concílios ecumênicos subsequentes. Nesses *Evangelhos*, o Espírito Santo aparece como o "sopro da vida" dado por Deus (Sl 104,30) e todas as outras aproximações verotestamentárias apresentadas, sobretudo, por Lucas[25].

a. O Evangelho da Infância segundo Mateus

Para tratar dos dois capítulos iniciais do Evangelho de Mateus, dividiremos nossa reflexão em duas partes. Começaremos por uma resumida abordagem dos elementos essenciais desses capítulos, destacando a intenção mateana de apresentar à sua comunidade, composta de judeus e gentios, uma instrução e exortação à fé em Jesus como o "herdeiro das promessas" do Antigo Testamento[26]. Em seguida, daremos destaque à concepção pneumatológica de Maria.

• *Mateus 1-2: uma introdução à compreensão de Jesus como Filho de Deus, da casa de Davi*

Os dois capítulos iniciais de Mateus estão divididos em três partes: 1) a genealogia de Jesus (1,1-17); 2) a anunciação a José (1,18-25); e um episódio mais longo referente à perseguição de Herodes que se articula com a visita dos magos (2,1-12) e três pequenos trechos: fuga para o Egito (v. 13-15), massacre dos inocentes (v. 16-18) e residência em Nazaré (v. 19-23). Sendo o conjunto dos dois capítulos concluídos por uma citação dos profetas: "Ele será chamado nazareno"[27].

O evangelista nos apresenta quem é Jesus: "filho de Davi, filho de Abraão" (1,1), "salvador de seu povo" (1,21). Pertencendo à casa de Davi, nasce em Belém, sofre perseguição e vai ao exílio, pois é um descendente dos patriarcas. E por uma ação do Espírito Santo, concebido virginalmente, é apresentado como "Filho de Deus", diante de quem os magos se prostram em adoração. Estamos diante de uma apresentação cristológica de Jesus à luz do Antigo Testamento[28].

Belém é citada quatro vezes no texto (2,1.5.6.8), o que evidencia uma possível intenção retórica do autor de sublinhar a descendência davídica de Jesus e afirmar seu messianismo régio (2,4)[29].

O Evangelho de Mateus tem sua abertura de forma bastante solene, não deixando dúvidas com relação ao conteúdo programático que vem a seguir: *Biblos genéseōs*. Na tradução dos LXX, encontramos a mesma expressão em Gn 2,4, sobre a criação do céu e da terra, e em Gn 5,1, com a lista de descendentes de Adão. Considerando uma intencionalidade do autor dos dois capítulos iniciais de Mateus com as duas citações da tradução dos LXX, podemos dizer que Jesus é visto como inserido no princípio da história, sendo Ele o início e a recapitulação da humanidade, expressa de forma privilegiada em Abraão e Davi[30]. Jesus, em sua genealogia, é apresentado como pertencente à casa de Davi e descendente de Abraão. "Filho de Davi" porque Deus prometeu a Davi uma descendência e garantiu um reino perpétuo. O Messias-Rei deve vir da descendência de Davi, logo a expressão é carregada de teologia e sentimentos de expectativa messiânica (2Sam 7,5-17; Sl 89)[31].

Considerar Jesus como "filho de Abraão" é um modo de ligá-lo aos patriarcas, considerados a origem do povo da Aliança. Abraão seria o primeiro nessa linha que conduz ao Messias, fazendo de Jesus o pleno herdeiro das promessas e bênçãos destinadas à descendência do patriarca. Desse modo, o título "filho de Abraão" é uma afirmação cristológica que tem como objetivo não deixar dúvidas quanto a Jesus não apenas ser membro do povo santo de Israel, mas a "verdadeira" descendência de Abraão (Gl 3,16) e uma resposta enquanto bênção, tanto para Israel quanto para todos os povos (Rm 4,11-12.16-17)[32].

A presença das mulheres nessa genealogia é um ponto que deve ser ressaltado, pois são mencionadas Tamar, Raab, Rute, a mulher de Urias e Maria. Não se trata das grandes Matriarcas do povo de Deus, contudo sinalizam a atuação gratuita e surpreendente de Deus, que, por meio de "situações irregulares" e, até em alguns casos, de moral sexual questionável, não o impedem de realizar seu projeto de salvação. A inclusão dessas mulheres na genealogia de Jesus goza de uma nota verdadeiramente "revolucionária" do ponto de vista feminista, pois a "nova história" inaugurada pela graça divina passa pela Mulher e na mulher Maria se expressa a novidade salvífica de Deus[33]. Isso não invalida a figura central de José no contexto de Mateus 1-2, mas evidencia o passivo teológico de Mt 1,16, como uma ruptura que, por mais paradoxo que pareça, mantém sua continuidade enquanto história do povo de Deus que se faz memória na genealogia e alcança sua plenitude ao dizer: "Jacó gerou José, o esposo de Maria, da qual nasceu Jesus, que é chamado o Cristo". Assim, os capítulos 1-2 de Mateus apresentam Jesus refazendo as grandes etapas da história do povo de Deus, partindo de Abraão (Mt 1,2) até sua volta do Egito para Nazaré (Mt 2,19-23). Esses capítulos, lidos à luz da ressurreição, nos revelam Jesus como o "Emanuel", "Deus conosco", e projetam no futuro sua presença na história do Povo de Deus com promessa de permanecer conosco "todos os dias, até o fim dos tempos" (Mt 28,20).

O texto que destacamos no conjunto dos dois primeiros capítulos de Mateus é Mt 1,18-24, que corresponde à anunciação do anjo a José, sendo o núcleo de nosso interesse a afirmação de que "Maria [...] estava prometida a José e, antes de passarem a conviver, ela encontrou-se grávida pela ação do Espírito Santo" (Mt 1,18).

Apresentamos esse versículo como um núcleo de interesse para nossa pesquisa no âmbito mateano, mas cientes de que a questão da concepção virginal não é o tema central do relato e, sim, dentro do conjunto dos dois primeiros capítulos de Mateus, a ascendência davídica de Jesus por intermédio de José, sendo ele o protagonista da narração, e não Maria[34].

A eleição de José como personagem principal deve-se, entre outros elementos, ao fato de que o autor do Evangelho de Mateus escreve para uma comunidade de judeus que esperavam um Messias descendente de Davi[35]. Para confirmar tal eleição é que se usa o artifício literário-bíblico da anunciação do anjo do Senhor a José.

José tinha Maria como sua "noiva", ou seja, ela estava prometida a ele em casamento (v. 1,18). Essa situação era um estado em que a jovem tinha todos os deveres e direitos de uma esposa legal, sendo esses fidelidade, auxílio mútuo etc., mas sem morar com o noivo e com ele ter relações sexuais. Para nós, esse "noivado hebraico" corresponderia a um casamento *ratum non consumatum*[36].

Nesse casamento *ratum non consumatum* é que José encontra Maria "grávida pela ação do Espírito Santo" (1,18) (tema de que trataremos a seguir). Querendo despedi-la secretamente (1,19), o *anjo do Senhor*[37] esclarece em sonho a natureza pneumatológica e soteriológica do menino e declara a missão de recebê-lo na qualidade de filho, pois o anjo diz que ele deve impor ao menino o nome de Jesus. Impor um nome à criança naquele contexto judaico era a forma de assumir a criança como filha, o que faz de José o verdadeiro pai de Jesus, mesmo não sendo o genitor[38].

"Quando acordou, José [...] acolheu sua esposa" (1,23). Se José é o verdadeiro pai de Jesus, também é o verdadeiro esposo de Maria. O desfecho dessa anunciação ajuda-nos a compreender que o que une as pessoas em casamento é o *consensus*, o amor, e não apenas o *concubitus*, a relação sexual[39].

Depois dessa informação, o autor do Evangelho de Mateus não fornece nenhuma outra sobre as condições de nascimento de Jesus, além de dizer que "nasceu na cidade de Belém da Judeia, na época do rei Herodes" (Mt 2,1). Nesse mesmo versículo, já aparece a visita dos magos (Mt 2,1-12), episódio que tem o caráter de *midrash*, uma história construída com fins de edificação[40]. Em seguida, encontramos a fuga para o Egito (Mt 2,13-18) e o retorno para Nazaré (Mt 2,19-23).

O texto também narra o aparecimento de uma misteriosa estrela que, mais do que guiar os magos, tem como objetivo sublinhar a centralidade do recém-nascido como um personagem messiânico e régio que iluminará e libertará o povo de seus inimigos. O simbolismo dessa estrela tem como base o texto de Nm 24,17: "[...] uma estrela sai de Jacó, um cetro se levanta de Israel, quebra as têmporas de Moab e destrói todos os filhos de Set"[41].

Dentro desse contexto em que a criança é apresentada com honras de realeza e glória, algo dessa luminosidade se reflete em sua mãe, pois os títulos de realeza que pertencem ao filho correspondem à realeza daquela que o gerou. Nas tradições israelitas e dos povos vizinhos, ser mãe do rei implica uma condição particular de privilégios e dignidade.

É interessante notar que, na cultura bíblica e na do Médio Oriente, a rainha é mais honrada quando mãe do rei, do que quando esposa. Podemos notar essa deferência nos livros dos Reis em que os nomes das rainhas-mães são conservados com distinção (1Rs 14,21; 15,2.10; 2Rs 9,6; 12,2). Essa distinção também pode ser vista quando, em 1Rs 1,16, encontramos Betsabeia prostrando-se diante de Davi, mas em 1Rs 2,19, estando na presença de Salomão, seu filho e agora rei de Israel, é ele quem se prostra diante da mãe e a faz sentar-se em um trono à sua direita[42].

"[...] grávida pela ação do Espírito Santo" (1,18)

Estando José e Maria casados, mas não vivendo juntos, é que a jovem "noiva" foi encontrada por José "grávida pela ação do Espírito Santo" (1,18). O autor do Evangelho busca informar que se trata de uma concepção "pneumatológica", pois aconteceu sem a participação de varão e, sobretudo, porque "o que nela foi gerado vem do Espírito Santo" (1,20).

Essa ideia é ressaltada também em sua genealogia, quando se percebe uma "quebra" na forma como são narradas as gerações ao dizer que: "Jacó gerou José, o esposo de Maria, da qual nasceu Jesus, que é chamado o Cristo" (1,15). Isso faz de Maria, segundo S. de Fiores, um "sinal e ícone da conduta imprevisível de Deus na história da salvação: diante dela surge o estupor pelos adoráveis e incompreensíveis caminhos de Deus, que nada pode impedir"[43].

Assim Maria, a serviço do "sinal de Deus" pela sua concepção revela a gratuidade divina. Não obstante todas as interpretações biologizantes que se deram à questão da concepção de Jesus em Mateus, o núcleo de sua intenção teológica é afirmar que Jesus, sendo Messias, vem do povo (segundo a genealogia) e vem de Deus (segundo uma concepção pneumatológica)[44].

Quando falamos de concepção pneumatológica em Mateus, não dizemos que o Espírito Santo é apresentado aqui como Terceira Pessoa, mas como potência de Deus, entendida na linha das concepções do Antigo Testamento, em que Deus manifesta a força libertadora na história de seu povo. O menino que nascerá é descendente de Davi e sua concepção deriva do Espírito Santo[45]. Desse modo, o foco da afirmação sobre a concepção de Jesus é primeiramente cristológico-pneumatológico. Em um segundo momento é que se refere à Maria[46] como quem foi acolhida, segundo a lógica da genealogia de Jesus em Mateus, entre as mulheres que, unidas pela linhagem abençoada do Messias, "desempenharam um papel importante no plano de Deus e foram instrumentos da providência divina (ou do Espírito Santo)"[47].

Para alguns teólogos, como G. Colzani, o centro dessa apresentação mateana da concepção virginal de Jesus não é destacar a ausência de um pai biológico, mas a relação com Deus da qual depende a concepção de Jesus, a fim de afirmar a divindade de Jesus[48], – tese esta não compartilhada por outros teólogos, como podemos ver em C. I. González:

> De fato, a filiação divina (especificamente trinitária) de Jesus não depende absolutamente de sua concepção virginal. J. Schimdt, por exemplo, nos faz perceber que Marcos e Paulo reconhecem tanto a filiação divina de Jesus como sua obra redentora, e, no entanto, nem ao menos insinuam a virgindade de sua concepção. Consequentemente, trata-se mais de um sinal livremente escolhido por Deus (e que precisa ser lido

e interpretado à luz da fé) de que aquele que nasce em Maria é obra única e exclusiva do Espírito Santo[49].

Em poucas linhas, queremos dizer que a questão da concepção virginal de Jesus no Evangelho de Mateus é um dado pneumatológico, apresentado na forma de um livre sinal de Deus em resposta à expectativa messiânica de Israel. O tema da concepção virginal de Jesus não era um problema para a comunidade de Mateus, nem mesmo interessava à catequese de Mateus, que é muito discreto em relação à concepção de Jesus, pois "[à] catequese de Mateus, interessa o fato de ser Jesus o dom de Deus para a salvação da humanidade. Dom a ser acolhido, com pureza de coração, a exemplo de José, e vivido com radicalidade"[50].

b. O Evangelho da Infância segundo Lucas

Lucas apresenta a figura de Maria como a mulher de fé por excelência. Diferente da perspectiva do Evangelho de Mateus, em que José é o protagonista central da narrativa, do quase anonimato de Maria no texto de Marcos e da singela referência de Paulo em Gl, 4,4, Lucas enfatiza Maria como uma figura de suma importância na história da salvação e protagonista em sua resposta ao chamado divino.

Mesmo resguardando a singularidade da participação de Maria na obra da salvação, Lucas não se esquece de que também Maria é uma "personificação coletiva", que representa e resume em si o Povo de Deus do Antigo Testamento, o resto santo de Israel que aguarda a salvação vinda da parte do seu

Senhor. A ação do Espírito Santo em Maria na obra da encarnação foi compreendida como a efusão escatológica do Espírito sobre a "Filha de Sião", ou seja, o Povo de Deus, segundo as promessas do Antigo Testamento[51]. Desse modo, "Maria sintetiza em sua própria pessoa a 'Filha de Sião', ou seja, o resto fiel do Povo de Israel que, purificado pela prova do exílio, em pobreza e humildade, espera à salvação do Senhor"[52].

A ideia de uma "personificação coletiva" não é uma novidade aplicada a Maria, pois tem suas raízes no pensamento bíblico que "vê uma solidariedade ontológica e uma comunhão de destino entre pessoa e comunidade, entre o um e o muitos, entre vocação pessoal e missão social"[53]. Como exemplo, podemos citar: Adão, que corresponde à humanidade em geral; Eva, à humanidade viva; Israel-Jacó, representando Israel enquanto Povo eleito; Efraim, que remete ao Reino do Norte etc.[54]

Assim, tomemos, em um primeiro momento, o texto conhecido como "Anunciação do anjo a Maria" (Lc 1,26-38). No diálogo de Maria com o anjo, temos um verdadeiro *colloquium salutis*, que pode ser constatado por dois esquemas literários que se unem magistralmente nesse texto, o esquema encontrado no AT para comunicar a mensagem de um nascimento prodigioso, como sinal de uma escolha especial de Deus para uma determinada missão, como podemos ver na promessa de nascimento de Isaac (Gn 17,15-16) e de Sansão (Jz 13) e o esquema de convocação, ou de vocação, em que uma pessoa é chamada para uma missão específica, como podemos ver com Abraão (Gn 12,1-9) e com Paulo (At 9,1-9). Ou seja, estamos falando do nascimento do Messias e da convocação de todo o Povo de Deus na pessoa de Maria para os tempos messiânicos inaugurados pela força do Espírito Santo[55].

A união desses dois esquemas nos revela algo de suma importância que não pode ser negligenciado: a iniciativa divina no ato de convocar e o ato segundo, do ser humano, de corresponder a essa convocação. Aqui temos o dinamismo de toda antropologia teológica: o ser humano é chamado a ser ouvinte e colaborador da Palavra que Deus lhe dirige[56]. Nesse diálogo em que se anuncia o nascimento do Messias e se convoca a participação do Povo de Deus na pessoa de Maria, dá-se a renovação da Aliança entre Deus e seu povo. Como aconteceu com Israel no Monte Sinai, sob a mediação de Moisés (Êx 19-24), novamente o "céu" se abre para encontrar a humanidade, anunciando a chegada do "Filho do Altíssimo", que, dado na potência do Espírito Santo, unirá Deus e a humanidade em um eterno "abraço salvífico" ratificado no seio de Maria e no Espírito Santo[57].

Sobre a pessoa de Maria, representante do Povo de Deus nesse "diálogo salvífico", gostaríamos de ressaltar duas questões. A primeira é que estamos diante de uma jovem a quem o anjo não vem pedir apenas sua aquiescência a uma gravidez, mas é também investidura de poder (o Espírito Santo) e uma missão. Se lembrarmos que, em relatos como os do nascimento de Isaac e Sansão, são os homens os consultados, agora é uma mulher que é consultada e tratada com grande reverência[58]. A segunda questão refere-se à notável capacidade física e psicológica de Maria em acolher Deus e sua proposta a uma maternidade messiânica[59]. A "anunciação do

Anjo" revela uma ruptura com esquemas machistas patriarcais e um olhar positivo diante do ser humano, capaz de ouvir e acolher Deus.

Vamos dividir esse texto lucano em três partes: a irrupção da Boa-Nova (1,26-29); a origem humana do Messias (1,30-33); e a origem pneumatológica de Jesus (1,34-38)[60]. Em um segundo momento, abordaremos outras duas perícopes de Lucas.

A irrupção da Boa Notícia (Lc 1,26-29)

Em Lucas, Maria é mais que uma esposa de José. É uma mulher que tem nome e protagonismo. Sobre o nome "Maria", temos muitas etimologias, dentre as quais destacamos as mais citadas, que entendem o nome como significando "amargo/mar de amargura"; "gorda", o que na cultura semita corresponderia a um símbolo de beleza; "senhora", etc. Dentre essas etimologias, destacamos especificamente a que toma a composição da raiz egípcia *mri*, que quer dizer *amada, querida, preferida*, somada à desinência hebraica *ya*, que é naturalmente a abreviação de *Yahweh*. Maria significaria, então, "a amada do Senhor", o que, talvez, melhor corresponde à intenção teológica de Lucas[61].

Maria vivia em uma cidade da Galileia chamada Nazaré (Lc 26). Para além de uma mera informação geográfica, o autor de Lucas nos informa que Maria era uma jovem da Galileia, ou seja, uma região mestiça e pouco ortodoxa em sua fé judaica, desprezada pelos judeus da capital. Um vilarejo desconhecido nos textos do Antigo Testamento, do Talmud e de Flávio Josefo[62].

É diante de uma menina chamada Maria e em um lugar pobre que irrompe uma "Boa Notícia": o Messias nos será dado como um ato gratuito de amor da parte de Deus Pai, por uma intervenção do Espírito Santo. Essa "Boa Notícia" é dirigida a todo o Povo da Aliança, pois o mesmo Espírito que inicia a encarnação do Verbo no seio de Maria determina o início de um novo Povo de Deus em Jesus, confessado como Rei, Messias e Senhor, em vista de uma renovação escatológica de toda a história[63].

A origem humana do Messias (Lc 1,30-33)

À menina pobre de Nazaré, profundamente amada pelo Senhor, o arcanjo Gabriel se apresenta com uma grande proposta. Gabriel vem como o grande embaixador de Deus para anunciar um nascimento que corresponde a um "tempo novo", o cumprimento das promessas messiânicas (Dn 8-9).

A salvação da humanidade é discutida entre um alto representante de Deus e uma jovenzinha pobre. Esse contraste remete-nos à anunciação de João Batista a Zacarias (Lc 1,5-20). A observação do paralelismo dos dois relatos de anunciação mostra-nos a grandeza dessa escolha divina e a generosidade dos pobres que se expressa nos lábios de Maria.

O anjo se refere a Maria como *Kecharitoomènee* (Lc 1,28), que foi comumente traduzido por "cheia de graça". A expressão é um *ephapax*, ou seja, uma palavra que aparece uma única vez nas Escrituras. É o particípio passado perfeito, indicando uma ação que permanece. Isso nos mostra que Maria, aos olhos de Deus, é a "Agraciada", plena do poder da graça[64] "do amor de Deus, enquanto Deus a escolheu para uma missão"[65].

Maria é quem impõe o nome à criança (v. 31), que traz consigo títulos de realeza messiânica (v. 32-33), diferentemente do Evangelho de Mateus.

A origem pneumatológica de Jesus (1,34-38)

Chegamos ao ponto que consideramos o núcleo da relação entre o Espírito Santo e Maria: "O Espírito Santo descerá sobre ti, e o poder do Altíssimo te cobrirá com sua sombra" (v. 35). O anjo diz que o Espírito cobrirá Maria como uma nuvem, fazendo dela a arca (ou o templo) por meio da qual Deus vem morar no meio de seu povo.

O ato de cobrir, associado ao substantivo "nuvem", nos remete a Êx 40,35, em que "Moisés não podia entrar na Tenda do Encontro, porque sobre ela repousava a nuvem, e a glória do Senhor ocupava a morada".

Esse ponto de partida nos obriga a retroceder a Êx 24,15-16, dizendo que, "Quando Moisés subiu ao monte, a nuvem cobriu o monte. A glória do Senhor pousou sobre o Monte Sinai, e a nuvem o cobriu durante seis dias". Moisés subiu ao Sinai em obediência ao Senhor, que quis lhe dar as tábuas de pedra, a Lei e os mandamentos (Êx 24,12) e a teofania que cobre o Sinai, enquanto lugar da presença divina, mostra-nos o grau de importância que ele tem, pois o culto israelita encontra aí sua atribuição de origem.

A mesma nuvem que cobriu o Sinai também pousa sobre a Tenda do Encontro, o que constitui uma forma de legitimar essa outra experiência de culto, agora ligado à Tenda do Encontro, e ratificar esse culto/lugar como uma nova forma da presença de Deus no meio do povo, como um selo de aprovação e legitimação de tudo o que Moisés e os israelitas fizeram, uma vez que, com o encobrimento da nuvem, o Senhor toma posse de seu santuário[66]. A nuvem sobre o santuário móvel determinava a presença do Senhor junto do povo e o guiava em seu caminho (Êx 40,36-38).

Apoiados em Nm 9,18.22, lembramos o caráter da nuvem enquanto presença do Senhor que dirige os passos de seu povo. Nesses dois versículos, a nuvem não apenas indica a presença do Senhor, mas sua condução em direção à terra prometida. Também aqui retrocedemos a Êx 13,21-22, em que a nuvem guiou o povo em fuga no Egito e o protegeu, escondendo-o dos egípcios (Êx 14,19.24). O Senhor conduz, colocando em marcha seu povo pelo deserto (Nm 10,36), e fala ao povo do meio de sua nuvem.

A nuvem enquanto teofania manifesta a habitação de Deus no meio de seu povo, a condescendência divina e o prenúncio da glória daquele que virá. Isso nos remete à ideia de que essa descida de Deus para junto de Israel revela o *pathos* divino, pois não só desce, mas sofre junto ao povo a perseguição e o deserto. Também remete a tempos futuros, pois a tese bíblica da presença de Deus é tão visceral que projeta sua força teológica para a terra prometida, para o exílio e a esperança messiânica[67].

A. Serra chama a atenção para a conversão da nuvem em "espírito do Senhor" que é verificada em Is 63,11-14, em que, relendo os textos do Êxodo e de Números, são relembrados e celebrados os benefícios do Senhor pelo seu "espírito", que com prodígios conduziu Moisés[68].

Em seguida, o exegeta servita irá relacionar a equação "espírito de Deus" e "nuvem" com os textos de Gn 1,2 e Jó 38,8-9, dizendo que o "espírito de Deus" que repousava sobre as águas em Gênesis é o mesmo que em Jó é designado como "nuvem" e "nuvens densas"[69]. Outra relação com a nuvem também é feita com a "Filha de Sião", segundo os oráculos do Antigo Testamento, especificamente, Zc 2,14, Sf 3,16-17 e Ez 37,26-27. A ideia de "Deus no meio de seu povo", pensada em conexão com a nuvem, remete-nos a três instâncias "espaço-teológicas", a saber, o Sinai, a Tenda da Reunião e o Templo de Jerusalém (1Rs 8,10-11)[70].

Para A. Serra, todo esse simbolismo "nuvem-Espírito" é aplicado em Lc 1,35 e nos textos da Transfiguração do Senhor (Mc 9,7, Mt 17,5 e Lc 9,34), de modo que a "nuvem" equivale ao Espírito Santo.

Na tradução da Bíblia elaborada pela CNBB, não encontramos em Lc 1,35 o termo "nuvem", mas "sombra". A expressão também aparece na tradução para o português da Bíblia de Jerusalém, que traz como nota de rodapé uma explicação sobre o termo em questão. Ei-la:

> A expressão evoca, seja a nuvem luminosa, sinal da presença de Iahweh (Êx 13,22+; 19,16+; 24,16+), seja as asas do pássaro que simbolizam o poder protetor (Sl 17,8; 57,2; 140,8) e criador (Gn 1,2) de Deus. [...]. Na concepção de Jesus, tudo provém do poder do Espírito Santo[71].

Desse modo, Deus, que em seu "Espírito", desceu sobre o Monte Sinai, sobre a Arca da Aliança e sobre o Templo e, expresso em imagens simbólicas afins, repousa sobre o ventre de Maria, envolvendo-a com a nuvem que é o Espírito Santo, a potência do Deus Altíssimo[72].

No texto lucano da anunciação, é clara a ação do Espírito Santo, que, com sua energia, dá vida à humanidade de Jesus no ventre de Maria, mas, antes disso, é necessário que Maria acolha a proposta feita mediante o anjo. A encarnação do Verbo não é apenas um evento limitado na esfera carnal-biológica da concepção virginal, mas atinge primeiramente toda a pessoa de Maria, convidando-a a se abrir à escuta e ao diálogo com Deus[73].

E Maria, assentindo à magna proposta de Gabriel, se coloca como "serva". Esse é o único título em que ela se apresenta no Novo Testamento (também se autodenomina "serva" em Lc 1,48)[74].

Maria nada diz com relação à concepção por obra do Espírito Santo. O referimento que possivelmente pode ser aplicado a esse evento, de acordo com A. Serra, é o que encontramos no *Magnificat*, em que ela canta "o Poderoso fez para mim coisas grandiosas" (Lc 1,49). Para uma compreensão mais profunda dessas "coisas grandiosas" ligadas à concepção de Maria, é preciso que nos voltemos aos textos do Antigo Testamento novamente[75].

A expressão "coisas grandiosas" aparece várias vezes no Antigo Testamento. Outras expressões semelhantes também são encontradas, como: "coisas maravilhosas", "coisas terríveis", "coisas gloriosas" e "coisas boas"[76].

As "coisas grandiosas" e os termos semelhantes designam as memoráveis intervenções de Deus na história de seu povo, em todo o tempo. Os destinatários dessas "coisas grandiosas" podem tanto ser todo o povo quanto algumas pessoas em particular ou, ainda, uma pessoa que é favorecida, mas o favor é um benefício para todos[77].

Nada há de milagreiro nessas "coisas grandiosas", pois essa graciosa ação de Deus está a serviço da pessoa, de sua conversão e de sua fidelidade à aliança com Deus, mostrando-se como o encontro entre a potência misericordiosa de Deus que opera prodígios com a fé do ser humano, o coloca em abertura a essa graça, no serviço, no temor e na vida[78].

Nessas "coisas grandiosas", a liberdade de Israel é algo preponderante, que não pode ser diminuída ou aniquilada, e se relaciona com a fé, que é tanto precedente quanto o fruto consequente das "coisas grandiosas" operadas por Deus[79].

Tal hermenêutica é aplicável à maternidade de Maria, pois as "coisas grandiosas" em favor da libertação de Israel encontra na encarnação do Verbo seu ápice, sem ferir a liberdade daquela que representa com seu *fiat* todo o povo messiânico.

Desse modo, A. Serra nos leva a compreender que Lucas, ao narrar o evento salvífico da concepção de Jesus, intencionalmente usou das imagens do Antigo Testamento ligadas à nuvem para nos falar que o Senhor nos foi dado como um dom gratuito pelo poder do Espírito.

c. Atos dos Apóstolos

A última referência a Maria nas Sagradas Escrituras encontra-se em At 1,14, em que a Mãe do Senhor está em oração com os seguidores e com as seguidoras de Jesus na "sala de cima onde costumavam ficar" (At 1,13). Refletindo esse texto em sintonia com At 2,1-36, A. Serra faz um paralelismo entre a anunciação e o Pentecostes, evidenciando a descida do Espírito Santo e os efeitos que dessa seguem, que é o ato das pessoas saírem do lugar onde se encontram para anunciar a presença do Messias e seu Espírito na história.

O paralelismo pode ser visualizado da seguinte forma: da parte de Maria, agraciada pelo Espírito Santo (Lc 1,35), caminha para as montanhas da Judeia (v. 39) anuncia as grandes coisas que Deus operou em sua vida (v. 46.49). A Igreja de Jerusalém, por sua vez, iluminada com o vigor do Espírito Santo (At 1,8), sai do interior de uma casa (At 2,2) e proclama as grandes obras do Senhor[80].

Desse modo, a Tradição da Igreja compreendeu Maria unida ao evento de Pentecostes, como afirma Paulo VI: "[Na] manhã de Pentecostes, ela presidiu na prece ao iniciar-se da evangelização, sob a ação do Espírito Santo" (EN 82). Destacamos que na LG 59 fala-se de Maria pedindo o dom do Espírito Santo antes de Pentecostes.

Portanto, a analogia entre a anunciação e o pentecostes continua mantendo a finalidade de mostrar um prolongamento harmonioso na obra da salvação realizada pela encarnação do Verbo e na força do Espírito Santo, pois o Espírito que secretamente formou o corpo do Senhor no ventre de Maria se manifesta publicamente no Cenáculo, formando o corpo de Cristo que é a Igreja[81].

A relação "Anunciação – Pentecostes", que tem como base a relação entre o Espírito Santo e Maria, leva-nos à percepção de que o consenso de Maria ao Espírito Santo não foi apenas algo ocasional, mas persistiu por toda a sua vida[82], e que o Espírito não considerou Maria como um mero receptáculo de uma criança, mas como alguém que colabora com a obra da salvação e que cria vínculo de amor. A estranheza aparece quando, por causa da relação "Anunciação – Pentecostes", se atribui a Maria todos os carismas do Espírito, como algo que ela tenha por direito adquirido na encarnação e confirmado pela sua presença em Pentecostes. Logo, afirma-se que Maria teve o dom de línguas, de cura, de profecia etc.[83] Essa afirmação é uma dedução que não encontra respaldo bíblico e incorre no perigo de esquecer que dons e carismas são graças concedidas por Deus para o benefício da Igreja e do mundo, não um direito adquirido por determinado motivo.

Assim, a figura de Maria como aquela que, no coração da Igreja primitiva, se coloca em oração pela graça do Espírito Santo é uma imagem de suma importância, pois sua intercessão se apresenta como uma função na Igreja. Essa imagem de Maria como intercessora alcança novos e valiosos relevos quando, devido ao desenvolvimento da piedade cristã em relação a ela, no século III, reza-se o *Sub tuum praesidium* e, mais tarde, Maria é representada em posição de "oração" nos diferentes ícones, a partir do século VI[84]. A última referência bíblica de Maria como mulher de oração se projeta na história da Igreja até os dias de hoje. Cabe a nós pensar essa intercessão na "comunhão dos santos" e sob o influxo do Espírito Santo, o que muitas vezes foi deixado de lado.

2. A RELAÇÃO ENTRE O ESPÍRITO SANTO E MARIA NOS SANTOS PADRES

A primeira tarefa que os Santos Padres assumiram foi fixar a doutrina básica da fé cristológica da Igreja. Nessa abordagem cristológica é que encontramos a figura de Maria como um elemento intrinsecamente ligado ao mistério da encarnação do Verbo e que leva os Santos Padres a concluírem que a vinda do Verbo ao seio de Maria implica um processo de purificação e de santificação. Maria, como aquela que acolheu o Verbo e, em virtude dos méritos de Cristo, foi purificada e santificada, é modelo da Igreja, de modo que, na teologia patrística pode-se dizer que "Maria significa Igreja"[85].

a. [E] se encarnou pelo Espírito Santo, no seio da Virgem Maria...

Para E. Toniolo, a necessidade de professar tanto a real humanidade de Cristo quanto sua concepção virginal não foi algo relacionado à apologia da fé contra judeus, pagãos ou gnósticos, e sim uma verdade evangélica, como vemos em Mt 1,18-23[86].

Explicitando essa verdade evangélica é que lembramos que quase todos os Padres destacaram em suas obras que a encarnação é uma intervenção do Espírito Santo no seio de Maria[87]. Destacamos Inácio de Antioquia como o primeiro Padre da Igreja a falar desse mistério nomeando Maria em seus textos. Escrevendo aos Efésios, diz: "De fato, o nosso Deus Jesus Cristo, segundo a economia de Deus, foi levado no seio de Maria, da descendência de Davi e do Espírito Santo"[88].

Nessa linha de profissão de fé é que o Concílio de Constantinopla (381) irá expressar sua fé sobre a encarnação do Verbo em Maria "pelo Espírito Santo", afirmando a prerrogativa da iniciativa trinitária nesse evento salvífico e, ao mesmo tempo, a ação do Espírito Santo, santidade e santificador, em relação com Maria[89]. Isso marca o início de uma nova história à luz do evento salvífico tendo Maria como figura singular, pois toda a Igreja será iluminada pela fecundidade do Espírito Santo, sendo que todo batizado traz consigo a possibilidade da "gravidez do Verbo", germinado no batismo pela presença do Espírito Santo[90].

Também é importante ressaltar que Maria é lembrada como "Virgem" não apenas para demonstrar que, sem "a participação de homem", colaborou com a encarnação do Verbo, mesmo que seja essa uma conclusão tirada dos evangelhos de Mateus e Lucas, mas também para assegurar o modo como ela viveu, entendendo sua virgindade como "plenitude do dom de si, livre e consciente"[91].

Na opinião de A. Amato, esse artigo do Símbolo também remete à dimensão da obediência de Maria vivida na plenitude humana que se faz acolhimento total ao projeto de Deus. Nisso se apoia em Agostinho, na afirmação de que "Maria concebeu em sua mente antes que concebesse em seu ventre"[92].

Tamanha a grandeza dessa concepção pneumatológica fez os Santos Padres professarem que essa plenitude humana que se abre à força do Espírito Santo em Maria[93] não foi algo ocasional, em virtude da concepção de Jesus apenas, mas uma ação santificante e duradoura, de modo que os Santos Padres usam de algumas imagens veterotestamentárias para exemplificar esse mistério, como comparar Maria com o paraíso terrestre, que, irrigada do rio do Espírito Santo, fez brotar a árvore da vida, ou seja, seu filho Jesus[94]. Maria foi também comparada por Hipólito como a Arca da Aliança, vestida por dentro e por fora de ouro, que significa ser ela adornada do esplendor do Espírito Santo[95].

Orígenes, refletindo sobre a expressão "a bendita", que Isabel usa para receber Maria em sua casa (Lc 1,42), diz que essa bênção que torna Maria "bendita" é o Espírito Santo que pousará para sempre sobre ela[96].

Maria não alcança essa "plenitude" por seus próprios méritos, mas por ação do Espírito divino, que a purifica e santifica. Queremos especificar melhor essa ação.

b. Santificação e purificação de Maria

Sobre a santidade e a purificação de Maria, não temos nenhuma referência explícita antes de século IV, não obstante os agressivos ataques de alguns hereges, pagãos e judeus contra a integridade moral de Maria[97].

É um tema que terá um laborioso desenvolvimento, pois temos como ponto de partida um numeroso grupo de Padres, sobretudo os gregos, que destacaram qualquer situação de falta de fé em Maria, como também outros pecados[98]. Com o Concílio de Éfeso (431), todas essas teses foram abandonadas pela patrística para se afirmar a santidade da *Theotókos*. Para isso se impõe a intervenção do Espírito Santo, purificando-a em virtude da encarnação do Verbo.

O primeiro testemunho que temos dessa tese pode ser encontrado em Cirilo de Jerusalém, quando diz:

> Foi este Espírito Santo que desceu sobre a santa Virgem Maria. Por conseguinte, Cristo era o Unigênito que devia nascer. A força do Altíssimo a cobriu com sua virtude e o Espírito Santo desceu sobre ela e a santificou para que pudesse conceber aquele por quem tudo foi criado[99].

Devemos dividir as opiniões patrísticas sobre a santificação e a purificação de Maria em dois momentos, tendo essa ação ocorrida antes da anunciação e no momento da anunciação, lembrando que, uma vez santificada, essa ação é duradoura.

Os Santos Padres que tratam da santificação/purificação de Maria antes da anunciação do anjo têm, em sua maioria, como ponto de partida, o "Protoevangelho de Tiago", texto esse que exerceu grande influência na antiguidade cristã. Esse grupo de Padres afirma que Maria desde o ventre de Ana foi santificada pelo Espírito Santo de forma bastante variada.

O objetivo dessa especulação era afirmar que mediante a grande e singular missão de Maria era necessária uma preparação adequada, por isso, propunham em sua reflexão uma intervenção divina em Maria desde sua concepção/gestação no ventre de Ana. Sendo preparada para ser a Mãe do Senhor, foi preservada do pecado e cumulada de graças. Para explicitar tal doutrina é que esse grupo de Padres emprega o texto apócrifo do "Protoevangelho de Tiago", com diferentes nuanças, mas com um mesmo interesse[100].

Algo que ilustra bem essa concepção é a celebração litúrgica da "Natividade de Maria", datada do século VI, em que, lembrando seu nascimento, o remete a um modo de vida em perspectiva do nascimento do Messias, o que implica uma preparação espiritual mediante a ação santificante do Espírito[101]. Lembremos também dos escritos de Jorge de Nicomédia († aprox. 880), que falam da santidade inicial de Maria em direta relação com a santidade de seus pais Joaquim e Ana, de modo que, inclusive, a concepção virginal de Jesus foi preparada pela concepção milagrosa de Maria. Maria, desde sua concepção, é considerada altamente santa, a ponto de o metropolita de Nicomédia dizer que "[a] excelência de sua santidade e do seu incontaminável estado imaculado permanece inigualável"[102].

Sobre a santificação/purificação de Maria na hora da anunciação temos testemunhos mais diretos. Lembramos João Damasceno, ao dizer: "Do momento em que a Virgem consentiu, o Espírito Santo desceu sobre ela, purificando-a"[103].

Também citamos Orígenes:

> Maria foi cumulada do Espírito Santo, momento em que começou a ter como habitante em seu ventre o Salvador. De fato, apenas acolheu o Espírito Santo como artífice do corpo do Senhor, apenas o Filho de Deus estava em seu seio, também ela foi cumulada do Espírito Santo[104].

Essa concepção de Orígenes remete à compreensão de que a ação santificadora do Espírito Santo não é algo ocasional, mas duradoura. Essa ideia pode ser encontrada em Agostinho ao se referir a Maria como "paraíso terrestre", comparando-a ao paraíso das origens da criação, que era irrigado pelo rio do Espírito Santo e nele germinou a árvore da vida[105].

Importante lembrar que, quando tratamos da purificação de Maria no momento em que recebe o anúncio do anjo, estamos também lidando com a compreensão dos Padres orientais de que Maria traz consigo a mácula do pecado original a qual Adão deixou em todo o gênero humano. Somente pela ação do Espírito Santo no evento da encarnação que ela foi liberta do pecado original para que o Filho de Deus possa assumir sua humanidade sem contato com a corrupção do mal universalmente disseminada desde as origens[106].

c. Virgindade de Maria como uma ação do Espírito Santo

Os Padres da Igreja abordaram o tema da virgindade de Maria como um mistério cristológico de grande importância, pois era um sinal (não uma prova concreta e, por isso, material) da divindade de Jesus e remetia a um novo nascimento do povo de Deus pela força do Espírito Santo. Assim, a virgindade de Maria portava algo de excepcional, se não prodigioso, uma vez que era sempre vinculada à maternidade e expressa em termos religiosos e poéticos, não em termos ginecológicos[107].

E. Toniolo tratou do tema da virgindade de Maria em sua abordagem patrística em três situações: um suposto voto de

40

virgindade feito por Maria antes da anunciação; a virgindade de Maria enquanto modelo para monjas; e a virgindade como obra do Espírito Santo.

A questão da virgindade de Maria está visceralmente relacionada com o tema de sua santificação/purificação, pois, tendo a graça santificante do Espírito Santo atingido plenamente aquela que seria a mãe do Senhor, sua resposta enquanto modo de vida seria uma vida marcada pela virgindade, sinal de santidade, mas também de afastamento da vida comum das pessoas.

Essa associação pode ser vista na dedução de Agostinho de que Maria teria feito um voto livre e definitivo de castidade antes de contrair núpcias com José[108]. Essa suposição tem como base a interpretação agostiniana de Lc 1,34, em que Maria não apenas nunca tivera relações sexuais com homem algum, como também estava determinada a permanecer nesse estado de vida.

O suposto "voto de virgindade" de Maria não tem nenhuma base exegética, sendo uma explicação anacrônica para exaltar o valor da virgindade, embora forçando o texto bíblico a dizer o que não diz. Lembremos que, no Antigo Testamento, a virgindade era considerada algo inconveniente e que, no Novo Testamento, a virgindade, por causa do Reino de Deus (baseando-nos na questão dos eunucos em Mt 19,12), não encontra seu paralelo no texto da anunciação no Evangelho de Lucas[109]. Desse modo, a posição agostiniana baseia-se na conveniência da associação santificação/purificação com virgindade e outros preconceitos em relação ao matrimônio, ligados à mentalidade da época, que existiam já naquele tempo e perduraram na história.

Não obstante, ainda há uns poucos defensores que ressaltam, de forma muito arriscada, no que tange o material bíblico que possuímos, um consenso de José nessa forma de vida. O mais complicado é a afirmação da virgindade como um estado de vida superior ao matrimônio[110], buscando um embasamento bíblico na teologia paulina, mas ignorando, nesse mesmo contexto, toda a reflexão sobre a iminente vinda escatológica de Cristo[111].

De qualquer forma, a virgindade de Maria se tornou um modelo para toda a jovem que vive ou aspira o ideal ascético e/ou monástico. Isso pode ser visto tanto nas correntes ascéticas do Egito como em outras localidades onde se encontra a comunidade cristã a partir do século IV[112].

Os maiores paladinos desse tema foram Atanásio e Ambrósio. Maior destaque recai sobre este último, como podemos observar a partir de uma das exortações dirigidas às virgens de sua comunidade dizendo: "Seja, pois, a vida de Maria para vocês um modelo de virgindade, como se fosse desenhado em uma imagem; nela brilha, como num espelho, a beleza da castidade e a forma ideal da virtude"[113].

A relação entre a virgindade de Maria e o Espírito Santo encontra seu ponto de convergência no sinal gratuito da encarnação do Verbo que, no âmbito patrístico, remete à divindade de Jesus. Mas qual a relação da virgindade consagrada a exemplo de Maria com o Espírito Santo? Ela se dá, segundo E. Torniolo, em saber que é o Espírito Santo quem inspira a pessoa a escolher a virgindade, como também a pobreza voluntária e toda boa escolha, como um caminho de liberdade e de recomposição da harmonia no ser humano[114].

42

Desse modo, tanto a virgindade de Maria quanto a de outras mulheres e de homens assumida livremente por causa do Reino na Igreja é uma obra do Espírito Santo. Se dissermos "[Onde] está uma virgem de Deus, ali está um templo de Deus"[115], falamos desse Espírito que escolheu Maria como mãe do Senhor, por isso, "templo de Deus" e de todas e todos que optam por esse caminho de virgindade consagrada, que como uma "dilatação do coração" se propõem a acolher a Deus e ao próximo em uma total doação de si mesmos.

d. A piscina batismal: o "útero" da Igreja virgem e mãe e sua relação com a maternidade virginal de Maria

A virgindade de Maria como obra do Espírito Santo aponta para uma dimensão mais profunda do mistério cristão que é o batismo, que tem na piscina batismal o símbolo do útero virginal da Igreja a gerar novos filhos no Espírito Santo.

Nessa lógica, podemos falar que o "útero virginal da Igreja" nos remete ao "útero virginal de Maria" e vice-versa. Retomando o princípio de Isidoro de Sevilha, que afirma que "Maria significa Igreja", podemos dizer que ambas as imagens de "útero" estão visceralmente unidas pelo Espírito Santo. Desse modo, assim como Maria trouxe em seu útero o Cristo pela força do Espírito Santo, a Igreja traz em seu útero (a piscina batismal) e dá à luz novos filhos e novas filhas pela força do Espírito Santo.

Assim, "a Igreja santa, imaculada quanto à sua união, fecunda no parto, é virgem pela sua castidade e mãe pela sua prole"[116].

O ponto de partida é o texto da anunciação em Lucas, em que Maria aparece como *tipo* da Igreja e de cada cristão[117]. Podemos dizer que o *colloquim salutis* entre o mensageiro celeste e a Virgem reúne a fórmula típica dos ritos da Aliança entre Deus e seu povo como, ao mesmo tempo, reúne a fórmula de um anúncio de nascimento messiânico[118]. Nessa lógica, o consenso de Maria é o consenso do povo de Israel, que vê no nascimento de Jesus o início de uma nova Aliança, fundando um novo povo pelo sinal do *ato criativo* do Espírito Santo[119].

Assim, a concepção pneumatológica de Jesus marca a chegada do Messias no nosso meio e a adesão, em germe na pessoa de Maria, de todo um povo messiânico, a comunidade cristã, a Igreja. Desse modo, assim como Maria acolhe o Messias, a Igreja o acolhe: ambas em "útero virginal". Podemos dizer que: "[Existe] uma continuidade misteriosa entre o evento da encarnação e o nascimento da Igreja: a pessoa que une os dois eventos é Maria e, em ambos os casos, sua presença indica o *nascimento pelo Espírito*"[120].

O papa Leão Magno, comentando Lc 1,35, observa que é o mesmo Espírito que age em Maria e na Igreja, prolongando no sacramento do Batismo a concepção virginal, de modo que:

> A mesma origem que (Cristo) assumiu no seio da Virgem (Maria), Ele coloca-a na fonte do batismo: conferiu à água aquilo que deu à Mãe; com efeito, a virtude do altíssimo e a sombra do Espírito Santo, que fizeram com que Maria desse à luz o Salvador, também fazem o mesmo a ablução que regenera aquele que crê[121].

Logo, "[A] piscina batismal torna-se a mãe de todos os fiéis por obra do Espírito Santo, permanecendo virgem"[122].

Com muita lucidez, a *Lumen gentium* expressou a virgindade materna da Igreja à luz da imitação de Maria dizendo que

A Igreja, contemplando a santidade misteriosa de Maria, imitando sua caridade e cumprindo fielmente a vontade do Pai, pela palavra de Deus fielmente recebida, torna-se também ela mãe, pois pela pregação e pelo batismo gera, para uma vida nova e imortal, os filhos concebidos do Espírito Santo e nascidos de Deus. Ela é também a virgem, que guarda íntegra e pura a fé jurada ao Esposo, e, à imitação da Mãe do seu Senhor, pela graça do Espírito Santo, conserva virginalmente íntegra a fé, sólida a esperança, sincera a caridade (LG 64).

Assim, a analogia entre a fecundidade virginal de Maria e a da Igreja remete à dimensão da integridade ao projeto de Deus, que tem como iniciativa o Espírito Santo e se concretiza na história como serviço materno ao Reino de Deus.

CONCLUSÕES

A reflexão sobre a relação entre o Espírito Santo e Maria nas Escrituras e nos Santos Padres remete-nos ao que é evidente no capítulo VIII da *Lumen gentium:* Maria está no mistério de Cristo e da Igreja. Isso porque o elo que une Maria a Cristo e a Igreja é o Espírito Santo. Assim, tomando o título do referido texto, podemos falar da "Bem-aventurada Virgem Maria no mistério de Cristo e da Igreja *no poder do Espírito Santo".*

Quando salientamos esse aspecto na reflexão mariológica, três perspectivas nos são abertas, a saber:

– a mariologia pneumatológica constitui-se um precioso instrumento de trabalho para a construção de uma mariologia ecumênica. A Tradição da Igreja garante à Mãe de Jesus um lugar de singularidade, de modo que, mesmo que haja um desenvolvimento diferenciado sobre a compreensão de Maria na teologia católica, ortodoxa e protestante, existe um incontestável tesouro a ser procurado na pneumatologia que deve ser a base para um diálogo ecumênico. E, diga-se de passagem, um material livre de qualquer maximalismo ou minimalismo mariológico (LG 67);

– a ênfase sobre o Espírito Santo no tratado mariológico remete-nos à vivência da devoção mariana de forma equilibrada. Podemos afirmar isso porque a primeira nota que toca nossos ouvidos nessa reflexão é que Maria viveu sob o poder do Espírito Santo. Assim, Maria não é uma "realidade autônoma" distribuindo graças, revelações e, até mesmo, a salvação, mas alguém que está visceralmente unida ao Paráclito, intercedendo pela Igreja e por toda a criação;

– Deus escolheu para uma relação de profunda singularidade com o Espírito Santo uma pessoa que era mulher, leiga e pobre. Podemos dizer, então, que no feminino, no laicato e na pobreza Deus manifestou de modo singular sua graça. Seria isso algo que aconteceu em Maria e desapareceu do horizonte eclesial? Não é o que o Magistério do papa Francisco nos tem ensinado. Se observarmos a perspectiva eclesial que o papa Francisco aplica à mulher, aos leigos e aos pobres vamos encontrar o rosto de Maria iluminado pelo Espírito Santo em uma "Igreja em saída".

De um modo geral, são muitas as perspectivas teológicas que a reflexão sobre a relação entre o Espírito Santo e Maria nos abrem. Oxalá possamos debruçar-nos melhor sobre esse tema e com Maria vivermos sob o "poder do Altíssimo".

Jonas Nogueira da Costa
Religioso da Ordem dos Frades Menores (OFM).
Mestre em teologia pela Faculdade Jesuíta de Filosofia e
Teologia (FAJE), pesquisador de mariologia. Professor no Instituto
Santo Tomás de Aquino (ISTA).
Reside em Belo Horizonte, MG.
E-mail: nogueira905@gmail.com

NOTAS

[1] VALENTINI, Alberto. *Maria secondo le Scritture:* Figlia di Sion e Madre del Signore. Bologna: EDB, 2007, p. 21.

[2] Na perspectiva joanina, a paixão e morte de Jesus já é sua glorificação, sendo que o Cristo padecente é o Cristo glorificado.

[3] VALENTINI, *Maria secondo le Scritture*, p. 21.

[4] *Ibid.*, p. 26.

[5] *Ibid.*, p. 26.

[6] *Ibid.*, p. 27.

[7] *Ibid.*, p. 27.

[8] *Ibid.*, p. 30-31.

[9] *Ibid.*, p. 34.

[10] *Ibid.*, p. 35.

[11] *Ibid.*, p. 37.

[12] PERRY; Tim; KENDALL, Daniel. *A Santíssima Virgem.* São Paulo: Loyola, 2015, p. 15.

[13] VALENTINI, *Maria secondo le Scritture*, p. 24.

[14] BROWN, Raymond E. *O nascimento do Messias*: comentário das narrativas da infância nos Evangelhos de Mateus e Lucas. São Paulo: Paulinas, 2005, p. 38.

[15] *Ibid.*, p. 35.

[16] VALENTINI, *Vangelo d'infanzia*, p. 15-16.

[17] BROWN, *O nascimento do Messias*, p. 35.

[18] VALENTINI, *Maria secondo le Scritture*, p. 65; ver também: LAURENTIN, *Breve trattato sulla Vergine Maria.* Cinisello Balsamo: San Paolo, 2016, p. 19.

[19] GONZÁLEZ, Carlos Ignacio. *Maria, evangelizada e evangelizadora.* São Paulo: Loyola, 1990, p. 32-33.

[20] BROWN, *O nascimento do Messias*, p. 7 e 46.

[21] *Ibid.*, p. 33. Segundo o citado biblista, juntamente com pesquisadores, Jesus aos 12 anos (Lc 2,42) já teria atingido sua maioridade. Contudo, o próprio R. Brown nos diz que, de acordo com o princípio talmúdico geral, o menino atinge a virilidade (o que equivale aproximadamente ao nosso conceito de maioridade)

no décimo terceiro aniversário, mas que também se deve considerar o desconhecimento da aplicação desse princípio no tempo de Jesus (BROWN, *O nascimento do Messias*, p. 564-565). Assim, optamos por não adentrar em uma reflexão mais rigorosa se Lc 2,41-52 deve ou não estar inserido no conjunto dos intitulados "Evangelhos da Infância".

[22] BROWN, *O nascimento do Messias*, p. 8.

[23] *Ibid.*, p. 44.

[24] *Ibid.*, p. 44. Ver também: VALENTINI, *Maria secondo le Scritture*, p. 68.

[25] BROWN, *O nascimento do Messias*, p. 148.

[26] *Ibid.*, p. 57.

[27] VALENTINI, *Maria secondo le Scritture*, p. 71.

[28] *Ibid.*, p. 73.

[29] *Ibid.*, p. 74.

[30] *Ibid.*, p. 76.

[31] *Ibid.*, p. 77.

[32] *Ibid.*, p. 77.

[33] MURAD, Afonso. *Maria, toda de Deus e tão humana*. São Paulo: Paulinas; Valência: Siquem, 2004, p. 27; Ver também: BOFF, Clodovis. *Introdução à mariologia*. Petrópolis: Vozes, 2004, p. 41.

[34] BOFF, Clodovis, *Introdução à mariologia*, p. 41.

[35] *Ibid.*, p. 41.

[36] *Ibid.*, p. 41.

[37] Segundo R. Brown: "Aqui é Deus que aparece em seu disfarce costumeiro de 'anjo do Senhor' para informar José a respeito da ação do Espírito Santo" (BROWN, *O nascimento do Messias*, p. 161).

[38] BOFF, Clodovis, *Introdução à mariologia*, p. 42; BROWN, *O nascimento do Messias*, p. 165-166.

[39] BOFF, Clodovis, *Introdução à mariologia*, p. 43.

[40] *Ibid.*, p. 44.

[41] VALENTINI, *Maria secondo le Scritture*, p. 83.

[42] VALENTINI, *Maria secondo le Scritture* p. 85; IWASHITA, Pedro. A realeza de Maria. In: GUIMARÃES, Valdivino (Org.). *Maria*: trono da sabedoria. Aparecida: Santuário, 2015, p. 45.

[43] DE FIORES, Stefano; *Maria Madre di Gesù*. Sintesi storico-salvifico. Bologna: EDB, 1992, p. 68-69. Ver também: GEBARA, Ivone; BINGEMER, Maria Clara L. *Maria, mãe de Deus e mãe dos pobres*: um ensaio a partir da mulher e da América Latina. Petrópolis: Vozes, 1987, p. 72-73; VITÓRIO, Jaldemir. *Mateus*. O evangelho eclesial. São Paulo: Loyola, 2017, p. 19.

[44] GEBARA; BINGEMER, *Maria mãe de Deus e mãe dos pobres*, p. 73.

[45] VALENTINI, *Vangelo d'infanzia*, p. 99.

[46] BOFF, Clodovis, *Introdução à mariologia*, p. 42.

[47] BROWN, *O nascimento do Messias*, p. 171.

[48] COLZANI, Gianni. *Maria.* Mistero di grazia e di fede. 5.ed. Cinisello Balsano: San Paolo, 2013, p. 49-51.

[49] GONZÁLEZ, *Maria evangelizada e evangelizadora*, p. 85.

[50] VITÓRIO, Jaldemir. *Mateus.* O evangelho eclesial. São Paulo: Loyola, 2017, p. 21.

[51] SERRA, Aristide. Aspetti mariologici della pneumatologia di Lc 1,35a. In: SIMPO-SIO MARIOLOGICO INTERNAZIONALE. *Maria e lo Spirito Santo.* Atti del 4° Simposio Mariologico Internazionale (Roma, ottobre, 1982). Roma: Marianum, 1984, p. 134.

[52] *Ibid.*, p. 135.

[53] BOFF, Clodovis. *Mariologia social.* São Paulo: Paulus, 2006, p. 42.

[54] *Ibid.*, p. 42.

[55] GONZÁLEZ, *Maria evangelizada e evangelizadora*, p. 32.

[56] TRAVAGLIA, Giovanni. *E il discepolo l'accolse con sé (Gv 19,27b).* Il cammino etico--spirituale del credente sulle orme di Maria. Padova: Messagero di Sant'Antonio, 2011, p. 102-103.

[57] *Ibid.*, p. 101.

[58] COYLE, Kathleen. *Maria na tradição cristã:* a partir de uma perspectiva contemporênea. 2.ed. São Paulo: Paulus, 2005, p. 26.

[59] TONIOLO, Ermano M. La presenza dello Spirito Santo in Maria secondo l'antica Tradizione cristiana (sec. II-IV). In: SIMPOSIO MARIOLOGICO INTERNAZIONALE. *Maria e lo Spirito Santo.* Atti del 4° Simposio Mariologico Internazionale (Roma, ottobre, 1982). Roma: Marianum, 1984, p. 226.

[60] Essa divisão segue a perspectiva de R. Laurentin, contudo alteramos o terceiro tópico que, para o referido autor, tinha como título "origem divina" do Messias. Acreditamos que o termo "origem pneumatológica" seja mais preciso na perspectiva que adotamos (LAURENTIN, *Breve trattato sulla Vergine Maria*, p. 38).

[61] GRZYWACZ, José. *Bem-aventurada.* Estudo popular sobre Maria, a Mãe de Jesus. São Paulo: Paulus, 2018, p. 50; BOFF, Clodovis, *Introdução à mariologia*, p. 48.

[62] BOFF, Clodovis, *Introdução à mariologia*, p. 47.

[63] SERRA, Aspetti mariologici della pneumatologia di Lc 1,35a, p. 154.

[64] BOFF, Clodovis, *Introdução à mariologia*, p. 49.

[65] SERRA, Aristide. *Maria nelle sacre Scritture.* Testi e commenti in riferimento all'incarnazione e alla risurrezione del Signore. Milano: Servitium, 2016, p. 304. Importante observação que A. Serra faz de que Maria é "plena de graça", "plena do amor de Deus" em vista de sua missão materno-messiânica. Isso reduz os excessos que a expressão *Kecharitoomènee* pode ocasionar, quando se entende a expressão afirmando que Maria tem todas as graças e perfeições possíveis a uma criatura. Ver também: GONZÁLEZ, *Maria evangelizada e evangelizadora*, p. 63.

[66] CRAGHAN, John F. Êxodo. In: BERGANT, Dianne; KARRIS, Robert J. (Org.). *Comentário bíblico.* 6.ed. São Paulo: Loyola, 2012, v. I, p. 120.

[67] MOLTMANN, Jürgen. *Trindade e Reino de Deus.* Uma contribuição para a teologia. 2.ed. Petrópolis: Vozes, 2011, p. 41.

[68] SERRA, Aspetti mariologici della pneumatologia di Lc 1,35a, p. 149.

[69] *Ibid.,*, p. 150.

[70] *Ibid.*, p. 151.

[71] A BÍBLIA de Jerusalém, Lucas. In: _____. Nov. ed. rev. São Paulo: Paulinas, 1985, p. 1927, nota x.

[72] SERRA, Aspetti mariologici della pneumatologia di Lc 1,35a, p. 152-153.

[73] *Ibid.*, p. 170-171.

[74] BOFF, Clodovis, *Introdução à mariologia*, p. 52.

[75] SERRA, Aspetti mariologici della pneumatologia di Lc 1,35a., p. 171-172.

[76] *Ibid.*, p. 172.

[77] *Ibid.*, p. 172-173.

[78] *Ibid.*, p. 173-174.

[79] *Ibid.*, p. 173-174.

[80] *Ibid.*, p. 196-199.

[81] LAURENTIN, *Breve trattato sulla Vergine Maria*, p. 233; GONZÁLEZ, *Maria evangelizada e evangelizadora*, p. 256.

[82] PERRY;KENDAL, *A Santíssima Virgem*, p. 18.

[83] BARTOSIK, *Mariologia e pneumatologia*, p. 317-318.

[84] GONZÁLEZ, *Maria evangelizada e evangelizadora*, p. 325 e 329.

[85] ISIDORO DE SEVILHA, Algumas *alegorias das Sagradas Escrituras*, 137 C. In: PL 83, 117.

[86] TONIOLO, La presenza dello Spirito Santo in Maria, p. 242.

[87] PONS, Guillermo. *El Espíritu Santo en los Padres de la Iglesia*. Madrid: Ciudad Nueva, 1998, p. 43.

[88] INÁCIO DE ANTIOQUIA, Aos efésios 18,1. (SChr 10, p. 87).

[89] TONIOLO, *La presenza dello Spirito Santo in Maria*, p. 243.

[90] *Ibid.*, p. 244.

[91] *Ibid.*, p. 242.

[92] AGOSTINHO, Sermão 215, 4. In: PL 38, 1074. A mesma frase encontra-se em LEÃO MAGNO, Sermão sobre a natividade do Senhor 1, 1 (SChr 22, p. 70-71). Sobre a opinião de A. Amato ver em: AMATO, Spirito Santo e Maria in Occidente, p. 27.

[93] Por exemplo: ORÍGENES, Homilia de Lucas, VII (SChr 87, p. 156); AMBRÓSIO, Tratado sobre o Evangelho de Lucas, 2,23 (Schr 45, p. 82).

[94] AGOSTINHO, O Gênesis contra os Maniqueus, II, 24, 37. In: PL 34, 216.

[95] HIPÓLITO, Comentário sobre Daniel, IV, 24 (SChr 14, p. 308).

[96] ORÍGENES, Homilias sobre Lucas, VII (SChr 87, p. 156-158).

[97] GONZÁLEZ, *Maria evangelizada e evangelizadora*, p. 195.

[98] LAURENTIN, *Breve trattato sulla Vergine Maria*, p. 68. Podemos conferir em: TERTULIANO, A carne de Cristo VII, 8-13 (SChr 216, 244-247); *Id.*, Contra Marcião IV, 19, 6-12 (SChr 456, 242-249); ORÍGENES: Homilia VII sobre o Evangelho de

Lucas, 4 (SChr 87, 158-159); ORÍGENES, Homilia XVII sobre o Evangelho de Lucas, 6-7 (SChr 87, 256-259); BASÍLIO MAGNO, Carta 260, 9 (PG 32, 965-968); JOÃO CRISÓSTOMO, Sobre o Evangelho de Mateus homilia 44 (45), n. 1-2 (PG 57,463-466; *Id,*: Sobre o Evangelho de Mateus homilia 27(28), n. 3 (PG 57, 347); *Id.*, Sobre o Evangelho de João homilia 21, n. 2 (PG 59,129-131); *Id.*, Sobre o Evangelho de João homilia 22, n. 1 (PG 59, 133-134), EFRÉM, Comentário ao Diatéssaron V, 1-5 (SChr 121, 107-109); JOÃO CRISÓSTOMO, Sobre o Evangelho de Mateus homilia 88[89], n. 23 (PG 58, 777-778); CIRILO DE ALEXANDRIA, Sobre o Evangelho de João, l. XII (PG 74, 661-665).

[99] CIRILO DE JERUSALÉM. *Catequeses pré-batismais.* Petrópolis: Vozes, 1978, p. 240. Ver também: HILÁRIO, A Trindade, II, 26. In: PL 10, 67-68. Findada a era patrística, Anselmo vai recorrer às figuras de Jeremias e João Batista, lembrando que ambos foram santificados no ventre materno. Se isso aconteceu a ambos, raciocinava o monge beneditino, muito mais Maria deveria ser santificada, em virtude de ter concebido por obra do Espírito Santo (ANSELMO, Da Concepção da B. Maria. In: PL 159, 305 A).

[100] GAMBERO, Luigi. *Maria nel pensiero dei padri della Chiesa.* Cinisello Balsano: Paoline, 1991, p. 298.

[101] GILA, Angelo M. Mariologia patrística. In: PANIMOLLE (dir.). *Maria Madre del Signore nei Padri della Chiesa.* Roma: Borla, 2005, Mariologia pastrística. In: *Maria Madre del Signore*, p. 163.

[102] JORGE DE NICOMÉDIA, Na apresentação ao Templo, VII. In: PG 100, 1444. Ver comentário de: GAMBERO, Luigi. *Fede e devozione nell'Impero Bizantino.* Dal periodo post-patristico alla caduta dell'Impero (1453). Cinisello Balsano: San Paolo, 2012, p. 78-83.

[103] JOÃO DAMASCENO, Da fé ortodoxia, III, 2. In: PG 94, 985 B.

[104] ORÍGENES, Homilia de Lucas, VII, 3 (SChr 87, p. 156).

[105] AGOSTINHO, O Gênesis contra os Maniqueus, II, 24, 37. In: PL 34, 216.

[106] PERRY; KENDALL, A Santíssima Virgem, p. 45.

[107] LAURENTIN, *Breve trattato sulla Vergine Maria*, p. 212 e 303.

[108] AGOSTINHO, Sermão 215, 2, 2. In: PL 38, 1096. Ver o breve comentário sobre a posição agostiniana em: TONIOLO, La presenza dello Spirito Santo in Maria, p. 231.

[109] TRAVAGLIA, *E il discepolo l'accolse com sé*, p. 115-116.

[110] Lembremos algumas palavras de Ambrósio, ao dizer que: "Eu os aconselho uma coisa e não há outra tão bela, que vocês sejam anjos entre os homens, uma vez que estão livres de todos os laços matrimoniais" (AMBRÓSIO, Exortação à virgindade, 4, 19. In: PL 16, 283).

[111] VEUTHEY, Leone. *Dottrina mariologica:* Maria Immacolata Madre in prospettiva francescana. Roma: Editrice Miscelanea Francescana, 2003, p. 39 e 45.

[112] TONIOLO, La presenza dello Spirito Santo in Maria, p. 230.

[113] AMBRÓSIO, Sobre as virgens II, 2,6. In: PL 16, 208 C.

[114] TONIOLO, La presenza dello Spirito Santo in Maria, p. 230.

[115] AMBRÓSIO, Sobre as virgens II, 4,26. In: PL 16, 214 A.

[116] AMBRÓSIO, Sobre as virgens I, 6,31. In: 16, 197 C. Ver também: LANGELLA, *Maria e lo Spirito*, p. 211-212.

[117] TONIOLO, La presenza dello Spirito Santo in Maria, p. 233.

[118] TRAVAGLIA, E il discepolo l'accolse con sé, p. 101.

[119] SERRA, Aspetti mariologici della pneumatologia di Lc 1,35a, p. 154 e 188.

[120] TRAVAGLIA, E il discepolo l'accolse con sé, p. 377. Ver também: GONZÁLEZ, *Maria evangelizada e evangelizadora*, p. 257.

[121] LEÃO MAGNO, Sermão XXIV. In: PL 54, 206 A.

[122] DÍDIMO ALEXANDRINO, A Trindade II, 13. In: PG 39, 692.

ÍNDICE

Introdução..3

1. Maria e o Espírito Santo nas Escrituras.........................5

Gl 4,4-7: "nascido de mulher"..................................8

Evangelhos da Infância...11

a. O Evangelho da Infância segundo Mateus.........14

b. O Evangelho da Infância segundo Lucas............22

A irrupção da Boa Notícia (Lc 1,26-29)...........25

A origem humana do Messias (Lc 1,30-33)......26

A origem pneumatológica de Jesus (1,34-38)......27

c. Atos dos Apóstolos..32

2. A relação entre o Espírito Santo e Maria

nos Santos Padres..35

a. [E] se encarnou pelo Espírito Santo,

no seio da Virgem Maria.....................................35

b. Santificação e purificação de Maria...................37

c. Virgindade de Maria como uma ação do Espírito Santo 40

d. A piscina batismal: o "útero" da Igreja virgem e mãe e sua relação com a maternidade virginal de Maria 43

Conclusões 47

Notas 49

A marca FSC® é a garantia de que a madeira utilizada na fabricação do papel deste livro provém de florestas que foram gerenciadas de maneira ambientalmente correta, socialmente justa e economicamente viável.

Este livro foi composto com as famílias tipográficas Segoe e Lithograph e impresso em papel Offset 70g/m² pela **Gráfica Santuário**.